西暦	文化	世界の動き
1850		
1851	本木昌造、流し込み活字を〔……〕	
1854	韮山に反射炉を起工	
1856	吉田松陰、萩で松下村塾を主宰	
1857		ミレー『落穂拾い』
1858	福沢諭吉、オランダ語の塾を開く	
1859	アメリカ人宣教師ヘボン、来日	ダーウィン『種の起源』
1860	訪米使節団、ミシン、写真機などをアメリカから持ち帰る	ナイチンゲール、看護婦学校開設
1861		アメリカ＝南北戦争（―1865）
1862	福沢諭吉、ヨーロッパへ渡る	
1863	伊藤博文、イギリスへ留学	
1866	福沢諭吉『西洋事情』	
1867		トルストイ『戦争と平和』
1869	人力車が発明される	スエズ運河開通
1870		
1871	東京・大阪間に郵便実施	シュリーマン、トロヤ遺跡発掘
1872	福沢諭吉『学問のすすめ』 新橋・横浜間に鉄道開業	
1877	博愛社創立	インド帝国成立 エジソン、蓄音機を発明
1879	教育令制定	
1881	西園寺公望『東洋自由新聞』創刊	
1882	中江兆民『民約訳解』	
1890	教育勅語発布	

目　次

福沢諭吉	文・浜　祥子 絵・岩本暁顕	……………… 6
坂本龍馬	文・有吉忠行 絵・岩本暁顕	……………… 20
板垣退助	文・有吉忠行 絵・岩本暁顕	……………… 34
中浜万次郎	文 中原　潤　　絵 吉田公麿	………… 48
大久保利通	文 加藤貞治　　絵 渡辺勝巳	………… 50
吉田松陰	文 松下忠實　　絵 渡辺勝巳	………… 52
木戸孝允	文 松下忠實　　絵 渡辺勝巳	………… 54
岩崎弥太郎	文 松下忠實　　絵 渡辺勝巳	………… 56
前島密	文 松下忠實　　絵 渡辺勝巳	………… 58
徳川慶喜	文 松下忠實　　絵 渡辺勝巳	………… 60
読書の手びき	文 子ども文化研究所	…………… 62

せかい伝記図書館 31

福沢諭吉
坂本龍馬
板垣退助

いずみ書房

福沢諭吉
（1835―1901）

人間の自由と平等の思想を広め、独立独歩の生きかたをすすめた近代日本の精神的指導者。

● しばられない心

　福沢諭吉がまだ12、3歳のころのことです。
　部屋を通りぬけようとして、1枚の紙きれをまたいだしゅんかん、兄の三之助が諭吉をひどくしかりました。
「おまえは、目が見えないのか。ここには奥平のとのさまのお名前が書いてあるんだぞ。なんて失礼なことをする。ばちがあたるぞ」
「あ、すみません。知らなかったものですから」
　諭吉は、すなおにあやまりました。しかし、心のなかは不満でした。
「ほんとうの頭をまたいだわけじゃなし、ただ名前が書いてある紙きれじゃないか。ばちがあたるなんて……」
　紙きれでほんとうにばちがあたるのか、諭吉はためしてみようと思いました。

　神だなから神さまの名前が書いてあるお札をこっそりもちだし、まわりにだれもいないことをたしかめると、足でなんどもふみつけました。
　ちょっと不安な気もしました。しかし、3日たち5日たち、ひと月たっても、別になにごとも起こりません。
「やっぱり、ばちがあたるなんてうそだ。そんなこと信じてたまるもんか」

●父の思い

　いちばん上の三之助と末っ子の諭吉のあいだに、3人の女の子がいました。5人めの諭吉が生まれて間もなく、

父の百助が亡くなったので、一家は、それまで住んでいた大坂（大阪）の中津藩蔵屋敷から九州の中津（いまの大分県）にもどってきました。蔵屋敷というのは、藩でできた作物を売りさばいてお金を得る、いわば出張所のようなところです。百助は、そこで16年間はたらいて45歳の若さで病死しました。とても学問のできる人で、いつも「こんな金かんじょうで一生を送りたくない」と口ぐせのようにいっていました。

しかし、江戸時代はきびしい身分制度があって、下級武士の百助がどんなに学問に励んだところで、中津藩奥平家のけらいとして、蔵屋敷の役人以外の道は歩めなかったのです。

家老の子は、学問ができなくとも家老になれ、足軽の子はどんなにすぐれていても足軽にしかなれないのがこの時代のきまりでした。

百助は諭吉が生まれたとき、妻にいいました。

「この子は坊さんにしよう。三之助は長男だから、わたしの後をつがなければならん。しかし、この子には可能性のある道を歩ませたい」

きびしい門閥制度のなかでも、僧侶だけは例外で、実力しだいでいくらでも出世できたのです。

りっぱな学者の力をもちながら、下級武士の家に生ま

れたために、百助はせっかくの才能を生かせずにその生涯を終えたのでした。

　父が死んだために、諭吉の、坊さんになる話はそれっきりになりました。

●学問への旅だち

　諭吉より10も年上の三之助は、九州中津の奥平家にまじめにつかえ、いまや福沢家のあるじとして立派に成長しました。

　ある日、三之助がこんなことをいいだしました。
「諭吉、おまえ、オランダ語の勉強をしないか？」

「オランダ語？」

「アメリカのペリー艦隊が浦賀にきたことは、おまえも知ってるだろう。もう鎖国なんかやめて、国を開き、アメリカととりひきしようではないかといってきた」

「まっ黒な艦隊ですってね。鉄砲で打った人がいるって」

「うん。いまや西洋流の砲術の研究はたいへんなものだ。西洋流といっても長崎にいるオランダ人に学ぶしか道はないのだ。そこで、オランダ語がぜひとも必要になってくる。わたしは藩の仕事があって勉強するひまがない。おまえが蘭学を学んで、いろいろ教えてほしいのだ」

「はい、兄さん、やってみましょう」

諭吉は、中津が好きではなかったので、1日もはやくこの地から出たいと思っていました。門閥制度の特にきびしい中津で、いやな思いばかりしてきたからです。

「こんな古くさい土地に、だれがいるもんか。もう二度と帰ってくるのはごめんだ」

諭吉は、喜びいさんで長崎にむけて出発しました。19歳の春、1854年（安政元年）のことです。

●はかりごと

諭吉が漢学の勉強を始めたのは、ふつうの子よりずっとおそく14、5歳ぐらいのときでした。むずかしい漢

　文をすらすら暗唱する他の子に、諭吉はとてもおどろきました。しかし、みんな意味もわからずに、ただ空んじているだけだと気づきました。かしこい諭吉は、文章の意味をしっかりつかみながら勉強していったので、またたくまに漢学塾で1番になってしまいました。
　長崎での勉強もそうでした。いっしょに学んでいた先輩格の奥平壱岐を追いぬくほどの上達ぶりです。
　壱岐は中津藩の家老の息子です。おもしろいはずがありません。そこで、諭吉を中津にひきもどすよう、中津の父とはかりごとをしました。
「諭吉の母が重い病気で苦しんでいる。すぐに中津に

帰ってくるように」

手紙を受けとった諭吉は、おどろきました。けれどもすぐに、それがにせの手紙で、奥平壱岐のしわざであるとわかりました。

「母上が無事であったのは何よりだ。しかし、なんというひきょうなやつだろう。くってかかりたいところだが中津にいる母のことを思うと、家老の息子に手むかうわけにはいかない」

諭吉は、どこまでもつきまとう身分制度をのろいました。そして、だまされたふりをして長崎をたち、中津へは寄らずに、大坂に出ました。それが、せいいっぱいのしかえしのつもりでした。

このころ大坂の中津藩蔵屋敷には、父のあとをついで三之助がつとめていました。蔵屋敷は諭吉の生まれたところです。住みにくい中津よりも、父の百助が永年つとめていた大坂の方が、ふるさとのような気がしました。

● 学ぶことの楽しさ

緒方洪庵といえば、日本じゅうに知れわたった蘭学の大家であり、適塾をいとなむ教育者でもありました。深い学識とあたたかい人間性をしたって、適塾には、各地、各藩から若ものが集まり、100人以上の塾生が、いつ

も熱心に勉学に励んでいました。
　三之助のすすめで適塾に入門した諭吉は、まるで魚が海に放されたように元気づきました。ここには身分の差別はなく、あるのは、未知のものを学びとろうとする熱っぽい向学心だけです。そのころは、今と違って外国語の本などめったにありません。適塾には、オランダ語で書かれた物理と医学の本が、わずか数冊あるだけです。めいめいが、これらの本を一字一字書きうつして、自分の教科書をつくらなければならないのです。いまのようになめらかな西洋紙も書きやすいペンもありません。鳥のはねの骨を細くけずってペンにし、すみをつけて和紙

ににじまないように書くのはたいへんなことです。
　こうやって、やっとうつし終えた原書を、こんどは辞書をひきながら日本語に訳していきます。
　オランダ語の辞書も、塾には、たった１冊しかありません。使う順番をくじびきで決めるのですが、みんな首を長くして待っていますから、ねむる時間もおしんでしらべなければなりません。
　アンモニアを作る実験もします。動物の死がいをもらってきて解剖もします。酒を飲んで仲間と歌ったり、議論に花を咲かせる夜もあります。
　貧しい家庭の諭吉が、こんなに楽しい塾生生活を送ることができたのも、緒方洪庵のあたたかい心づかいがあったからです。はやくに父をなくした諭吉にとって、洪庵は父のように思えました。

● 苦難をのりこえて

　病気のために中津に帰っていた三之助が死にました。とんで帰った諭吉を待っていたのは、三之助のあとをついで奥平家につとめるようにという藩の命令でした。
　適塾の塾長になれるほど力をつけてきたのに、いまここで学問を離れることはできません。大坂の洪庵のもとに帰りたい一心で、諭吉は、なんども藩に願い出ました。

「砲術修行ということならよかろう」
　許されて、諭吉は大坂にもどりました。三之助の幼い娘と年老いた母を中津に残す諭吉の心は痛みました。
「母上、わがままを押して出てゆく息子を許してください。坊さんにしたと思って、行かせてください」
　適塾にもどった諭吉は、ますます勉強に励み、辞書なしでもオランダ語の原書が読めるほどになりました。

●オランダ語から英語へ

　藩の命令で江戸に出て、オランダ語の塾をひらいたのは諭吉がまだ23歳のときです。諭吉のオランダ語の実

力が江戸でもじゅうぶん通用することを知り、諭吉は自信をもって塾生の指導にあたりました。

そのころ、幕府は、アメリカやイギリスなどにせまられて、とうとう5か国と貿易をする約束をかわしました。

そして、いくつかの港が開かれました。

「横浜の町には異人がたくさんあるいているそうだ。ようすを見に行って、かれらと実際にしゃべってみよう」

ある日、諭吉は横浜に出かけていき、町を歩いてみました。そして、腰をぬかすほどの打撃をうけました。

外国人が出している店の看板がひとつも読めないのです。話してみても、さっぱり通じません。

オランダ語は、オランダ人以外にはまったく通じず、外国人の話しているのが英語だと知ったとき、諭吉は全身から力がぬけていくようでした。

「夜もねむらず、一心不乱に勉強したオランダ語が、まったく役にたたないなんて……」

しかし、諭吉はすぐに気をとりなおしました。

「鎖国のあいだのおくれをとりもどすには、西洋に学ばなければならない。そのためには、英語を知らなければ何もできない。いまから英語の勉強をはじめよう」

その当時、英語を話せる日本人はほとんどいませんでした。方ぼうさがしまわって、やっと1冊の辞書を手に入

れると、諭吉はむちゅうで英語の勉強をつづけました。長崎から来た通訳がいると聞けば、たずねて行き発音をならい、適塾時代のように昼も夜も英語に力を注ぎました。

● はじめてアメリカへ

 1860年（万延元年）、日本の軍艦がはじめて太平洋にのり出しました。勝海舟のひきいる咸臨丸です。アメリカととりひきの書類を交かんするのが航海の目的です。
 この船に、諭吉が乗っていました。どうしても実際の英語を耳にしたいという諭吉の熱心さが、アメリカへ行く機会をひきよせたのです。

たちならぶビルディング、馬車、ホテルに敷きつめた赤いジュータン、女性のハイヒール……見るもの聞くものおどろくばかりです。
「日本は、小さな島に閉じこもっていたら、世界からとり残されてしまう。もっと外に広く目を向けなければ」
　諭吉は、みやげにウェブスターの辞書を買ってきました。これは、ウェブスターの辞書の輸入第1号です。
　諭吉が日本をるすにしているあいだに、外国と親交を結んだ井伊大老が、桜田門外で暗殺される事件がおきました。国を開くか開かないかで、日本は真っぷたつにわかれあらそっていたのです。

●人間の独立ということ

　塾で英語を教えるかたわら、諭吉は幕府の翻訳係りをつとめました。1862年はヨーロッパへ、1867年は再びアメリカへ通訳として行っています。それらの旅で見聞してきたことは『西洋事情』という本になって出版されました。
　慶応4年、諭吉の塾は移転したのをきっかけに「慶応義塾」と名づけられました。
　幕府がたおれ、明治維新の嵐が吹きまくるなかで、ひたすら塾生に洋学を教え、独立心を説きつづけました。

　明治の世になってからは、政府につかえることなく、著作と教育に専念し、『学問のすすめ』『文明之概略』『福翁自伝』など、おおくの書物を世に出しました。
　『学問のすすめ』は「天は人の上に人をつくらず、人の下に人をつくらず」ということばで始まっています。
　人間は身分によって差別されてはならない。学問をすることによって心の目が開かれ、だれに頼らなくとも、独立することができる——それが諭吉の考えでした。諭吉が生涯かけてたどりついた結論です。
　この本は、身分制度のながい重圧からやっと解放された日本人の、ゆくてを照らす一筋の光となりました。

坂本龍馬
（1835—1867）

新しい時代へ突っ走り、薩長同盟を成立させて大政奉還を実現にみちびいた、幕末の志士。

●気の弱い泣き虫の龍馬

「おやおや、龍馬がまた泣かされて帰ってきたようねえ、ほんとうに、なんて気の弱い子なんだろう……」

　姉の乙女が、針仕事の手を休めて庭へおりていくと、着物をどろでよごした龍馬が、大声で泣きながら立っています。

「男の子は、いつまでも泣いているものではありません」

　龍馬は、姉に、井戸水で手足を洗ってもらいながら、もっと強くなるように、いつも、はげまされました。

　日本の歴史に大きな足あとを残して、江戸時代の終わりを、ほんとうに龍か馬のようにかけぬけた龍馬は、子どものころ、たいへんな泣き虫でした。

　坂本龍馬は、明治時代の幕が開く33年前に、土佐国（高知県）の高知城下に生まれました。父の坂本直足は

郷士でした。郷士とは、ふだんは商売や農業にたずさわって生活を支える、身分の低い武士です。さいわい、直足の本家は、酒造りの商売を手広くいとなんでいましたから、お金の不自由はありませんでした。そのうえ、龍馬は武士として育てられながら、いっぽうでは、商人の世界でのものごとをいろいろな角度から見ることもおぼえました。

　龍馬というのは、ほんとうの名まえではありません。本名は直柔です。直柔が生まれる前の晩に、母が空にのぼる龍の夢を、父が空からかけおりてくる馬の夢を見たので、やがて、龍馬とよばれるようになったと、伝えられています。父も母も「この子は、きっと強い男の子に

なるぞ」と、誇りに思いました。

ところが龍馬は、父や母が期待したような子どもではありませんでした。泣き虫で、寝しょうべんをするうえに、12歳のころからかよい始めた塾でも、さっぱり成績がよくありません。いつも先生から「君にはもう教えようがない。明日からこなくていいよ」と、きらわれるしまつでした。

そんなとき、母が亡くなってしまいました。龍馬は悲しくてしかたがありませんでしたが、この龍馬を、母のかわりに、きびしく、やさしく見守ってくれるようになったのが、3つ年上の姉の乙女です。龍馬は、姉にみちびかれて、少しずつ、たくましくなっていきました。

●剣術を学びたくましい人間へ

乙女のすすめで、14歳のころから剣術を習い始めた龍馬は、またたくまに、見ちがえるように活発になりました。朝、まだ暗いうちに家をとびだして道場へ行き、だれよりも熱心に、そうじをします。剣道具の手入れもします。そして、剣術にはげむだけではなく、乗馬や水泳にも身を入れ、もう、けっして泣くことのない青年へ育っていきました。

18歳になったころ、剣術のうでをさらにみがくために江戸（東京）へでて、千葉定吉の道場へ入門しました。

定吉は、剣術の達人として名高い千葉周作の弟です。そのころの江戸には、斎藤弥九郎、桃井春蔵らの剣の名人が道場を開き、弥九郎の弟子に桂小五郎（のちの木戸孝允）、春蔵の弟子に武市半平太がいました。

　龍馬は、江戸へきて数年ごから、同じ土佐出身の半平太と親しく交わり、幕府のこと、日本の将来のことを耳にするようになりました。やがて、龍馬の心に、おさえきれない熱いものが、わきおこってきました。

「剣術ひとすじでいいのだろうか。もっとしなければいけないことが、ほかにあるのではないだろうか」

　剣術の道をきわめることだけを考えている自分が、心

のせまい人間のように思えてきたのです。
　龍馬が半平太と知りあう少しまえに、アメリカ海軍将官のペリーが、4せきの軍艦をひきいて浦賀へ現われ、日本に開国を迫りました。このころの日本は、江戸幕府の方針で、外国とは交わらない鎖国政策をとっていましたから、日本じゅうが大さわぎです。ペリーを追い返して、これまでどおり鎖国をつづけるか、それとも、ペリーの要求を受け入れて、外国とのつきあいを始めるか、意見はふたつに分かれて、さわぎが広がりました。
　ところが幕府は、つぎの年の1854年に、ペリーと日米和親条約をむすび、下田と箱館（函館）の2港を開港することにしてしまいました。すると、怒ったのは、日本の開国に反対する人たちです。
「幕府に日本の政治をまかせていては、外国に攻め込まれてしまうばかりだ。幕府を倒して、天皇に政治をやっていただこうではないか」
　天皇をとうとび、鎖国をとなえる尊王攘夷派の人びとは、このように叫びます。いっぽう、佐幕派の人びとは「たとえ開国しても、幕府を倒してはならぬ」と叫びます。龍馬は、人びとの対立が深まっていくなかで、日本に新しい時代がおとずれつつあることを、しっかり感じとっていきました。

　1858年、23歳で北辰一刀流の免許皆伝を受けて土佐へ帰った龍馬は、ついに自分も、政治の争いのなかへ足を ふみ入れました。土佐藩のなかでも、アメリカに対する幕府の弱いしせいを非難する者や、天皇に政治をゆずるべきだと主張する者や、あくまで幕府をかばおうとする者などが、ぶつかりあうようになっていたからです。

　龍馬が賛成したのは尊王攘夷です。大きな世の中で大きく生きていくことを考えた龍馬は、半平太が結成した土佐勤王党にくわわって、活動を始めました。

●日本を拾う

「武士だ、町人だなどと言っていても、外国に攻め込まれてしまえば、何もならない。開国などしたら、日本はおしまいに決まっている」

 龍馬が土佐勤王党へ入ったのは、このように考えたからです。剣術では藩でも並ぶものがいないほどになっていた龍馬は、さらに剣の修業をつづけることを理由にして、まず、ほかの藩のようすをさぐることにしました。そして、長州藩（山口県）で、吉田松陰の弟子の久坂玄端に会いました。玄端と天下のことを話しあってみると、するどいものの見方に、おどろかされるばかりでした。
「こんなことではいけない。おれは、もっと世の中の動きを知り、もっと深く考えなければ……」

 土佐にもどった龍馬は、藩をぬけだす決意をかためました。いつまでたっても、はっきりした行動をとらない藩にいるよりも、自由な身になって、いろいろなことを学びながら、自分から動き出すことにしたのです。脱藩は重い罪に問われます。捕えられれば、腹を切ることになるかもしれません。しかし、龍馬の胸に燃えさかった尊王攘夷の炎は、いきおいをますばかりです。
「土佐を捨てるのではない。日本を拾うのだ」

1862年3月、龍馬は土佐を旅立ちました。

●目がさめた勝海舟の教え

　京都をへて、江戸に着いた龍馬は、開国を主張していた、幕府の役人勝海舟をたずねました。このとき「海舟は、外国人のいいなりになって、日本を滅ぼそうとしているけしからん男だ」と思いこんでいた龍馬は、海舟がどうしても開国するといえば、切り殺してしまうことを考えていました。ところが、顔をあわせたとたん、龍馬は、どぎもをぬかれてしまいました。

　「あんたは、わたしを切るつもりですね。まあ、わたし

の話を聞いてからにしなさい」
　龍馬の心を、すっかり見やぶっていたからです。それに、海舟は、おどろくほど落ちついています。
「坂本さん、世界のようすを何も知らないで、外国と戦ってみたところで、敗けるだけだよ。それより、外国の文明を取り入れて、１日も早く、日本の力を強めることがたいせつだ。それには、開国しかないだろう」
　世界の情勢。日本の立場。日本がこれからしなければいけないこと……。龍馬は、海舟が地球儀をまわしながら説明してくれるのを聞いているうちに、しだいに、自分がはずかしくなっていきました。
「おれは、まだまだ何も知らなかったのだ。外国のことを何ひとつ知らないで尊王攘夷を叫んでいたなんて……」
　いつのまにか、夢中になって海舟の話に聞き入り、やがて海舟が話をやめると、龍馬は、海舟のまえに両手をついて、きっぱりと言いました。
「勝先生、きょうから、わたしを弟子にしてください」
　海舟を見つめる龍馬の目は光っています。こうして尊皇攘夷の心をすっかり入れかえた龍馬は、広い世界を見わたすことのできる人間へ、成長していきました。
　1864年、海舟が兵庫に海軍操練所をつくると、29歳の龍馬は、その塾頭としてはたらき始めました。海軍

操練所は、外国に負けない海軍を育てるために、日本じゅうからすぐれた若者を集めて、航海術などを学ばせたところです。明治時代に外務大臣として活躍した陸奥宗光なども、ここで学んでいます。

　ところが、操練所は、わずか1年で、幕府の命令で廃止されてしまいました。海舟が、攘夷論者を集めて幕府に反対する教育をしているという、うわさが広がったからです。龍馬は、海舟を信じようとしない幕府のせまい心に怒りました。でも、どうすることもできません。そのご、薩摩藩（鹿児島県）の大坂（大阪）のやしきでせわになっていた龍馬は、やがて、薩摩へむかいました。

● 薩摩と長州の手をむすばせて

　船で薩摩へ行った龍馬は、西郷隆盛や隆盛といっしょに新しい世の中をつくることを考えている人びとと、語りあうことができました。そして、薩摩藩が立ち上がるなら、ほかの藩も力をあわせるようにしなければいけないと、考えるようになっていきました。このとき第一に考えたのが、薩摩藩と長州藩をむすびつけることです。
　薩摩から長崎へ行った龍馬は、薩摩藩の助けを受けて、西洋の銃砲や船を取り引きしたり、武器を輸送したりするための、亀山社中という組織をつくりました。それまで、幕府にはむかったおおくの人が、失敗して死んでいったのを見てきた龍馬は、行動をおこすまえに、まず、しっかりした力をたくわえることを心がけたのです。
　やがて、亀山社中の力はしだいに大きくなり、龍馬は、いよいよ、薩摩と長州の手をにぎらせる仕事にとりかかりました。ところが、かんたんにはいきません。
　おとろえ始めた幕府の力をもり返すために、天皇の権威とむすびつくことを考えて、公武合体をとなえていた薩摩藩の武士が、尊王攘夷をとなえる長州藩の武士を京都から追いだす事件が1863年に起こり、それいらい、このふたつの藩はたいへん仲が悪くなっていたからで

　す。また、そのつぎの年に、西郷隆盛のひきいる薩摩軍が、幕府軍として長州征伐にむかったことも、両藩のにくしみあいを、ますます深いものにしていました。
　しかし、そのご、薩摩藩の武士のおおくは、幕府をきびしくひはんするようになり、機会があれば幕府を倒そうとする考えは、もう、長州藩と同じになっていました。
「薩摩の西郷隆盛と長州の桂小五郎を、どんなことがあっても、握手させなければ……」
　龍馬は、土佐藩をやはり脱藩した中岡慎太郎と力をあわせて、隆盛と小五郎の説得を始めました。でも、隆盛も小五郎も、自分の藩の体面ばかりを考えて、話しあい

を始めようとはしません。

「土佐のいなか者が、こんなに走りまわっているのに、あなたがたは、1歩も歩きだそうとしない。ほんとうに、日本のことを考えているのですか」

龍馬は、ふたりに、いどみかかるようにして、説得をつづけました。とくに小五郎には、亀山社中の力で、西洋の武器を長州藩に送り込んでやることを条件にして、話を進めました。幕府ににらまれている長州藩は、外国から新しい武器を輸入できずに、困っていたからです。

1866年1月21日、ついに、目的を果たしました。京都の薩摩藩の屋敷で、隆盛と小五郎は、やっと、藩と藩が仲なおりすることと、これから倒幕に力をあわせることを約束してくれたのです。

こうして、歴史に残る薩長同盟をなしとげた龍馬は、ほっと、肩の荷をおろしました。ところが、それからまもなく、京都伏見の寺田屋という旅館で、幕府にやとわれた新撰組におそわれました。このとき龍馬は、命だけはとりとめましたが、両手に傷を負いました。

そのごの龍馬は、ふたたび長州を討ちにきた幕府軍と戦いました。また、土佐藩の重役をつとめていた後藤象二郎に会って、脱藩の罪が許されると、土佐藩士のひとりにもどって、倒幕のじゅんびを進めました。このとき

亀山社中を土佐藩のものにして海援隊と名づけています。龍馬が土佐藩へもどったのは、自分の意見を、藩をとおして幕府へ伝えたほうが効果があると、考えたからです。

しかし、龍馬の命は、それから、およそ9か月しか、この世にありませんでした。かくれ住んでいた京都の近江屋というしょうゆ屋で、佐幕派の武士におそわれ、32歳の生涯を閉じてしまったのです。龍馬らの願いがみのり、江戸幕府の第15代将軍徳川慶喜が、政権を朝廷に返還して、わずか1か月ごのことでした。息をひきとるときの龍馬の頭にあったのは、新しい文明の光がさし始めた、美しい日本のすがたではなかったでしょうか……。

いたがきたいすけ
板垣退助
(1837—1919)

自由民権運動の先頭に立ち、国会開設を実現して政党政治の道を開いた、明治の政治家。

●板垣死すとも自由は死せず

　明治時代が始まって15年の歳月が流れた1882年の4月6日、岐阜で開かれた自由党の演説会は、国民の自由と権利をとなえる板垣退助の演説に、わき返っていました。
　政府の勝手な政治をきびしく批判してきた退助は、まえの年の10月に、国会を開いて議会政治をおこなうことを、政府に約束させていました。
「みなさん、いよいよ国会が開かれることになりました。しかし、政治を、政府や議会だけにまかせておいてはいけません。国民のための正しい政治がおこなわれるように、ひとりひとりが、政治に目をむけましょう」
　退助が演説を終えて、会場をでたときのことです。
「国ぞく！かくごしろ！」
　こんな叫びを耳にしたとたん、退助は、短刀を手にし

てとつぜんとびだしてきた男に、胸をさされました。ふきだす血で、シャツがみるみる赤く染まっていきます。

退助は、ひるむことなく男ともみあいましたが、頰にも手にも、傷を負ってしまいました。でも、どれも傷は浅く、命をとりとめたことはさいわいでした。

このとき退助は、かけつけてなみだを流す自由党員のひとりに「なげかれることはない。板垣が死んでも、自由はほろびませぬぞ」と、語ったということです。

よく日の新聞は、いっせいに書きたてました。
「板垣死すとも自由は死せず」
　すると、この言葉は、人間の自由と国民の権利をとな

える人びとを大きく感激させ、板垣退助は自由民権の神だとさえ、たたえられるようになりました。

事件を知った自由党の人びとは、ぞくぞくと岐阜に集まり、声をそろえて「板垣先生を殺そうとしたのは、政府のしわざにちがいない」と、怒りました。そして、この怒りは、自由党員ばかりでなく、政府に不満をいだいていたすべての人びとへ、ひろがっていきました。

●心はやさしいわんぱく少年

退助は、あと30年で江戸時代が終わろうとするときに、土佐藩（高知県）の城下町高知に生まれました。父は、中級の身分の武士として、藩につかえていました。

退助は、幼いころから気性が荒く、少年時代はいつもけんかばかりして、からだに傷が絶えなかったといわれています。

幼なじみに、1歳下の後藤象二郎がいました。象二郎は、やがて、国の政権を幕府から朝廷に移すことを、土佐藩主の山内豊信にすすめて、歴史に残る大政奉還の実現に力をつくした人です。

少年時代の退助と象二郎は、たいへん仲がよいくせに、いつもけんかをしました。けんかになると退助は、よく、象二郎がいちばんきらいなヘビを、ふりまわしました。

象二郎も負けてはいません。肥えの入った、くさいおけをかかえてくると、ひしゃくでふりまいて、退助を追いかけまわしたということです。

　退助のわんぱくは20歳ころまでつづき、藩から、きんしんの罰なども受けています。

　しかし、ふだんはわんぱくでも、退助の心には、春の光のようなあたたかさも、やさしさもありました。

　ある冬の日、退助は、ひとりの女の人が、家のまえで寒さにふるえているのに出会いました。女の人は、うすい着物を1枚身につけているだけです。退助は、家へかけこみました。そして、姉の新しい着物をもちだしてくると、

女の人に、あげてしまいました。着物がなくなっているのに気づいた姉は、初めは怒りました。でも、くわしい話を聞くうちに退助のやさしさをほめて、許してくれました。

●新しい世の中に

1860年に父が亡くなり、23歳で家をついだ退助は、つぎの年に江戸へでて、土佐藩の軍備のしごとにたずさわるようになりました。

このころ土佐藩では、国をまとめる力が弱くなっている幕府を、守ろう、改革しよう、倒してしまおうという、3つの考えがうずまいていました。なかでも「幕府を倒して天皇による政治を……」という尊王攘夷の意見がもっとも強く、退助も、新しい世の中をつくらなければ、土佐藩も日本も、外国に攻め込まれてしまうと考えるようになっていきました。

1866年に、薩摩藩(鹿児島県)と長州藩(山口県)が、幕府を倒すために手をにぎりあう薩長同盟が成立しました。

これで、幕府とのあいだに争いが起こることは、もう、さけられません。退助は、戦いにそなえて、藩の兵力をたくわえることに、力をつくしました。

つぎの年、幕府の将軍徳川慶喜が、土佐藩主のすすめに従って、265年つづいた幕府の政治の実権を、つい

に朝廷へ返しました。大政奉還です。ところが、幕府に味方をしてきた人たちは、しょうちしません。やがて、幕府を倒した藩の代表者たちによって、天皇を中心にした新しい政府ができると、やはり、新政府軍と、もとの幕府軍との戦いが始まりました。

　1868年、退助は、およそ600人の藩兵で組織した土佐迅衛隊をひきいて、京都から甲府（山梨県）奥州（東北地方）へと進み、さいごにたどりついたのが、幕府に味方する会津藩（福島県）の兵がたてこもる若松城です。

　西洋式の銃の戦いにすぐれていた迅衛隊は、めざましいはたらきをして、わずか1か月で城を落としました。

飯盛山で、焼け落ちる若松城を見ながら、会津白虎隊の少年たちが刀でさしちがえて死んでいったのは、このときです。会津が倒れたのをきっかけに、各地の幕府軍の力は弱まり、退助の名は、人びとに知れわたりました。

　この会津の戦いで、退助は、士・農・工・商という身分の差別をなくさなければいけないことを学びました。政府軍に攻められて、われ先に逃げだす人のおおかったことや、武士、町人、農民の考えがばらばらだったことを、自分の目で見て、人びとの心をひとつにして日本を強い国にするためには、四民平等にしなければいけないと考えたのです。

●征韓論にやぶれて郷里へ

　戦いが終わって土佐へ帰り、藩の家老となった退助は、全国の藩を廃止してかわりに県を置くことになった1871年に、新しい政府の、参議という高い位につきました。

　しかし、退助には、この新しい政府が不満でした。政府の重要な役についていたのは、幕府を倒すことに大きな功績のあった薩摩藩と長州藩の出身者が、ほとんどです。そして、新しい政府は薩長政府だなどとよばれるほどに、薩摩と長州出身者の意見ばかりが、まかりとおっていたからです。

　1873年、西郷隆盛らの考えで、征韓論がおこりました。そのころ、廃藩で武士のほこりも仕事もうばわれてしまった士族たちに、新政府へのうっぷんが高まっていましたが、ちょうどこのとき朝鮮が、朝鮮半島から日本の商人をしめだすことを決めたのを理由にして、士族たちの不平を外にむけさせるために朝鮮を討つことにしたのです。そして、まず、西郷隆盛が、日本の使者として朝鮮へのりこむことになりました。

　退助も、これに賛成しました。ところが、それからまもなく、大久保利通らの反対で征韓論はとりやめになり、退助は、怒った西郷隆盛といっしょに、政府を去ってし

まいました。このとき退助は、政府の外から、国の政治を改めるために戦うことを、決心したのでしょう。
「政治が、ひとにぎりの人間によって動かされているのはおかしい。選挙でえらばれた国民の代表が、政治をおこなうようにしたい。わたしは、これに一生をかける」
　退助は、鹿児島へひきあげる隆盛に、このように語りかけると、つぎの年の1874年には、はやくも民撰議院設立建白書を政府にさしだして、自分の考えを実行に移していきました。これは、国会を開けという、日本で初めての要求です。
　ところが、政府は、まったく相手にしてくれません。退助は、政府への怒りに心を燃やし、国民のために戦いつづけることを、さらに強くちかって、1874年に、高知へ帰りました。

●立志社から自由党結成へ

　郷里の高知には、たくさんの仲間がいます。37歳の退助は、まず、片岡健吉らと立志社をつくって、人びとの、国民の権利をもとめる心を高めていく運動を始めました。立志社に集まった人たちは、初めは、士族が中心でした。でも、少しずつ輪が広がり、やがて、政府を批判する愛国社運動へと発展していきました。

　ところが、この愛国社は、大きく燃えさからないうちに、火を消されてしまいました。政府が、政治への批判をとりしまるようになってしまったからです。そのうえ、1877年には、悲しいことが起こりました。西南戦争に敗れた、西郷隆盛の死です。

　しかし、隆盛の死は、退助に、ひとつのことを、さらにはっきり教えてくれました。それは、隆盛のように武力で政府に立ちむかってみても、やはり、だめだということです。

「人びとの声を集めて、大きな力にするしか道はない」
　退助は、心では隆盛の死を悲しみながら、それをのり

こえて言論で戦いぬくことを、あらためてちかいました。そして、ふたたび愛国社運動の火をかかげて、商人や農民も運動のうずにまきこみ、1880年に、愛国社の名を改めて国会期成同盟を結成しました。また、同盟結成と同時に、およそ9万人の署名を集めて、政府に、国会開設をせまりました。

　退助は、いまや全国の自由民権運動の最高指導者として、商人にも、農民にも、若い人たちにも、したわれるようになりました。でも、国会開設の要求は、6年まえの民撰議院設立の建白書と同じように、やはり、しりぞけられてしまいました。

「国民はめざめ始めている。いま屈してはならぬ」

　退助は、休むまもなく、演説をして歩きました。すると政府は、こんどは集会条例などをつくって、演説を妨害するようになりました。しかし、全国に燃えひろがった火は、妨害されればされるほど強くなり、もう、消えることはありません。

　1881年、ついに政府は、すこしずつ準備を進めて10年ごに国会を開設することを、約束しました。退助の信念と、人びとの情熱の勝利です。国会期成同盟の人たちは、ただちに、国会開設にそなえて自由党を結成しました。日本で最初の、本格的な政党です。

●板垣生きて自由は死せり

　自由党の総理になった退助は、それまで以上に、全国をとびまわりました。板垣退助がくるといえば、どこの演説会場にも、たくさんの人がつめかけます。日本のむかしからの思想を守ろうとする国粋主義の男に、岐阜でおそわれたのは、このときです。

　男は、その場でとりおさえられ、退助の傷も、ほどなくよくなりました。ところが、傷がなおった退助を待ちうけていたのは、政府の、ひそかなたくらみでした。自由党の勢力をおとろえさせるために、総理の退助を、し

ばらく外国に追いやろうというのです。
「自由の本場といわれるフランスへ行って、国民の生活のようすを、自分の目でたしかめてみてはいかがですか」
幼なじみの後藤象二郎のすすめに退助の心は動き、党首として勉強してくるには、またとない機会だと思いました。しかし、党員たちは大反対です。
「自由党が、やっと、ととのい始めたばかりなのに……」
「政府から旅費をもらえば、政府に言いたいことも言えなくなってしまうぞ」
ところが退助は、政府のくわだてなど少しも気にとめずに、外国へ旅立ってしまいました。すると、党員が心配したとおりです。大隈重信の改進党からは「板垣は政府の金で外国へ行った」と、ののしられ、政府からは、党の動きをきびしくとりしまられるようになってしまいました。党員も、自由党をとびだしていきます。
自由党を守るために、各地で、政府に反対するさわぎがおこりましたが、それも、政府に、自由党をとりしまる口実をあたえるだけでした。
こうして、退助の外国行きは、自由党にとっても、自由民権運動にとっても、大きな痛手となりました。
帰国した退助は、自由党を解散して故郷へもどりました。世の動きを、静かに考えてみようと思ったのです。

「板垣生きて自由は死せり」
　人びとは、口ぐちにうわさしました。
　そのご、1890年に国会が開かれると、ふたたび自由党を組織して、8年ごには、進歩党（もとの改進党）と手をむすび、憲政党を結成しました。そして、日本で最初の政党内閣を成立させて、内相をつとめました。しかし、わずか4か月で内閣解散になると、政治家としての道をしりぞいてしまいました。
　退助が、晩年は社会事業に力をつくして82歳の人生を終えたのは1919年です。自由民権に命をかけた、かがやかしい生涯でした。

中浜万次郎 (1827—1898)

　中浜万次郎は、日本が鎖国から開国になろうとする時代に、漂流が大きく運命を変え、漁師の子でありながら、武士にとりたてられて英学者にまでなった人です。

　万次郎は、土佐国（高知県）の漁師の家に生まれ、子どものころから漁の手つだいをして家のくらしを助けていました。

　1841年、万次郎が13歳のとき、浜の人たち4人と漁に出ました。ところが、途中で暴風雨になり、7日間もさまよったすえに、鳥島という無人島に流れつきました。5人は雨水をたくわえては飲み、アホウドリをとらえ、貝をひろい、木の根をほって飢えをしのぎ、夜はほら穴にねむるという苦しい毎日を送りました。そして約半年ご、運よくアメリカ捕鯨船ジョン・ホーランド号にすくわれました。船長も船員も親切で、かしこくてよくはたらく万次郎を、船の名をとって「ジョン万」と呼んでかわいがりました。船は無事ハワイにつきましたが、4人の仲間はハワイで降り、船長に気に入られた万次郎は学校へ通うため、アメリカ本土に渡りました。そして、船長の郷里で測量や航海術を学んだあと、捕鯨船に乗って太平洋をかけめぐりました。しかし、日本への思いはつのるばかりでした。

　1850年、23歳になった万次郎は、商船にやとわれてハワイにいる仲間たちのところへいきました。4人のうちひとりはすでに死に、ひとりはハワイに残ることになって、3人で中国ゆきのアメリカ汽船に乗りこみました。船が琉球（沖縄）の沖にさしかかったとき、小舟をおろし、死をかくごで沿岸に上陸しました。鎖国をしていたそのころは、1度国外に出た者は、

　2度と日本の土をふめなかったからです。3人はすぐに捕えられ、きびしいとり調べを受けましたが、やがて釈放され、1852年10月、12年ぶりになつかしい故郷に帰ることができました。
　ふたたび漁師の生活にもどった万次郎のところへ、まもなく藩の使いがきました。万次郎の語学力と的確な話ぶりに感心した山内豊信が、万次郎を武士にとりたてて、藩の学校の先生に登用しようというのです。藩の有志は、万次郎から外国の話を聞いたり、英語を学びました。そのなかには坂本龍馬や岩崎弥太郎のすがたもありました。
　1853年に、万次郎は幕府に抜てきされ、造船技術や航海術などをおしえました。幕府が訪米使節団を派遣したときには、勝海舟らの通訳として咸臨丸でアメリカへ渡りました。帰国ごは開成学校（のちの東京大学）の教授にもなって、新しい学問や文化の発展につくしました。

大久保利通 (1830—1878)

　明治維新をおしすすめ、近代日本のきそを築いた中心人物は、「維新の三傑」とよばれている西郷隆盛、木戸孝允、大久保利通の3人です。とくに利通は、明治新政府の土台をささえた最大の指導者といってよいでしょう。

　1830年、利通は薩摩藩（鹿児島県）の下級武士の家に生まれ、西郷とは同じ町内にすむ幼なじみでした。少年時代から利通は、冷静にものごとを判断する性格で、武芸よりも文才にぬきんでたものがありました。しかし、20歳のころ、父が藩の世つぎをめぐる争いにまきこまれて島流しにあい、利通は一家の中心になって家計のきりもりをしなければなりませんでした。利通のねばり強さは、この時代にきたえられたといわれています。

　幕末のころの薩摩藩は、藩主島津忠義の父久光が実権をにぎっていました。利通は、この久光に近づいて重く用いられるようになり、しだいに藩政に参加できるようになりました。利通の考えは、はじめのうちは朝廷と幕府が力をあわせて政治をおこなう公武合体論というものでしたが、しだいに幕府を倒して、天皇を中心にした新しい政府を作るという意見に変わりました。

　やがて、西郷とともに薩摩の指導者となった利通は、討幕の方針をとるように藩の意見を変えさせ、1866年には坂本龍馬のあっせんにより、長州藩と手をにぎりました。さらに翌年には、討幕派の公家岩倉具視とひそかに通じて、王政復古の計画を綿密にたてるなど、激動する幕末の政局に終始指導的な役割をはたしていきました。

　幕府がたおれて明治新政府ができると、利通は西郷、木戸ら

と協議しながら、藩の領地や人民を天皇に返させる「版籍奉還」、藩そのものをなくして府県制度にする「廃藩置県」、士農工商の身分制度をやめるなど、数かずの政策を実行しました。

　利通は1871年、岩倉、木戸、伊藤博文らと欧米視察の旅に出ました。この旅行で、諸外国の進歩した政治や経済のしくみをみた利通は、まず国内を整備して日本の力をたくわえることが大切であることを痛感しました。そのため、「征韓論」をとなえて朝鮮に軍隊をおくろうと主張する西郷らと対立しました。西郷は征韓論にやぶれて政府を去り、利通は政府の独裁的指導者になっていきました。

　産業の近代化をはかる「殖産興業」と「富国強兵」を旗じるしに、利通は信念をもって、近代国家への足がためを進めました。しかし、利通の専制的なやり方に不満を持つ者もおおく、1878年5月不平士族に暗殺されてしまいました。

吉田松陰 (1830—1859)

　幕末の動乱期には、大勢の志士が活躍しましたが、なかでも松陰はすぐれた学者として、政治の指導者として、また高杉晋作、久坂玄瑞、木戸孝允、井上馨、山県有朋、伊藤博文らを育てた教育者として、その名は歴史に深くきざまれています。

　1830年、長州藩の下級武士の次男に生まれた松陰は、4歳のとき、山鹿流の兵学をつたえる吉田賢良の養子になりました。まもなく賢良が急死したため、松陰は吉田家の学問を受けつぐ使命をおわされました。さっそくおじの玉木文之進から学問をきびしくたたきこまれました。猛れつなつめこみ教育でしたが、松陰はこれにこたえ、9歳のころには神童ぶりがうわさされるようになりました。10歳のとき、うわさを聞いた藩主毛利敬親の前で『武教全書』を講義したと伝えられています。

　頭がよいうえに、努力をおしまなかった松陰は、18歳で藩校明倫館の師範になりました。1850年、世界の大勢に目をそそぐ必要を感じて長崎に遊学し、ひきつづきよく年には江戸に出て佐久間象山らに学びました。

「山鹿流の兵学はもう古い。西洋学を学ばなくては遅れるよ」

　象山にこう説かれて松陰は苦しみました。そして、藩のゆるしを受けずに、東北をめぐる旅で苦しみをまぎらそうとしました。しかし、旅から江戸に帰ると、藩から帰国を命じられました。脱藩の罪に問われ、禄をうばわれて師範の役目もとりあげられたのです。なんとか10年間の諸国留学のゆるしを受けた松陰は、1853年ふたたび江戸に出て、象山から洋学を学びました。

　世の中はちょうど、ペリーの艦隊が浦賀（神奈川県）にきて、

大さわぎしているときでした。アメリカの軍艦を見た松陰は、西洋人の文明がたいへん進んでいるのにおどろきました。そしてついに、象山のすすめもあって、海外渡航を決意するのです。たまたま長崎に入港したロシア軍艦にのりこもうとしましたがまにあわず、1854年、ふたたび来航したペリーの軍艦に命がけで近づきました。しかし、必死のたのみも受け入れてもらえず、おいかえされて、松陰は長州藩の獄につながれることになりました。でも、牢のなかでは、勉強する機会を天が与えてくれたと読書にふけり、世をすねた囚人たちに学問を教えました。そんな態度がりっぱだったため、藩は松陰を牢から出しました。こうして数かずの志士を育てた松下村塾がはじまったのです。

しかし、塾がひらかれたのは、1859年に松陰をはじめ数おおくの志士たちが死刑となる「安政の大獄」までの、わずか2年半の間だけでした。

木戸孝允 (1833—1877)

　長州藩（山口県）の藩士だった孝允は、薩摩藩（鹿児島県）の西郷隆盛や大久保利通とならんで「維新の三傑」といわれています。高杉晋作なきあとの長州藩の軍隊をひきいた孝允が、西郷や大久保たちの薩摩藩と力をあわせ、江戸幕府から政権をとりもどす大事業をなしとげたからです。

　1833年、孝允は藩医の長男に生まれましたが、7歳で桂家の養子になったため、若いころの孝允は桂小五郎の名で知られています。早くから秀才とうたわれましたが、はじめてほんとうの学問を知り、武士としてどのように生きるべきかを教えられたのは、16歳のとき吉田松陰の松下村塾に学んでからだといわれています。松陰は、いま日本の若者が何をしたらよいかを、諸外国の実情を話しながら講義しました。その年月はそれほど長くはありませんでしたが、強い影響をうけました。

　19歳で江戸（東京）に出た孝允は、江戸一流といわれた斉藤弥九郎の道場で剣の修行にはげみ、たちまち「斉藤道場の小てんぐ」とはやされるほど上達しました。また孝允は、江川太郎左衛門に西洋の砲術をまなび、海岸のまもりをかためる方法をしらべるなどの努力もおしみませんでした。

　1859年「安政の大獄」で恩師の吉田松陰が死罪になると、孝允は、尊皇攘夷に考えをかため、幕府を早くたおさないと、日本は外国の食いものになると説いたのです。そして、この運動をおしすすめるためには、他の藩の同志と手をにぎらねばならないと考えました。京都に出た孝允は、長州藩を中心に幕府をうちたおす計画をすすめました。そのあいだにも、幕府の役

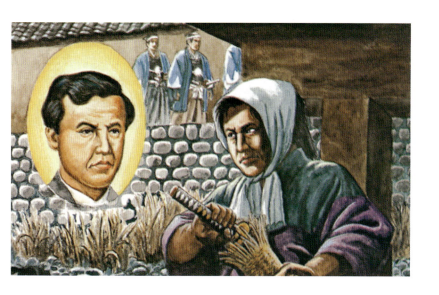

人や新撰組にねらわれるなど危険な毎日でした。
　しかし、1866年土佐(高知県)の浪人坂本龍馬のなかだちで孝允と西郷隆盛があい、敵対していた長州と薩摩の両藩が手をにぎる密約ができました。これをきっかけに討幕運動はいっきょに高まり、まもなく江戸幕府は倒れて明治維新をむかえました。
　明治の新政府ができると、孝允は長州の代表として政府の指導者になりました。孝允は、藩主毛利敬親を説得して、土地と人民を朝廷にさしださせて版籍奉還を実行しました。そして廃藩置県に努力するなど近代国家としての新しい政治のしくみをつくりました。岩倉具視の副使節として欧米視察の旅からかえると、西郷の征韓論に反対し、また大久保の台湾出兵にも反対して政府の役人をやめました。のちに復帰して、立法、行政、司法の三権分立を確立させましたが、1877年西南戦争のさいちゅうに西郷の身を案じながら病死しました。

岩崎弥太郎 (1834—1885)

　日本の海運業を確立したことで有名な岩崎弥太郎は、船の運送にともない海上保険、造船、鉱山、製鉄、銀行、製紙など、さまざまな産業に進出し、三井財閥と並んで近代日本の産業界に勢力をほこった三菱財閥の基礎をつくった実業家です。

　1834年、土佐国（高知県）に生まれた弥太郎は、下級武士の父と教育熱心な母に育てられました。負けずぎらいなうえに、わんぱくながき大将でしたが、10歳ころから、しだいに学問に熱中するようになりました。21歳のとき、江戸に出て幕府の塾に学び、土佐に帰ってから藩の実力者である吉田東洋の弟子になりました。東洋から学んだことは、もっと外国と貿易をおこない、産業をさかんにすることの重要性でした。

　1867年、弥太郎は藩が軍備の充実をはかるためにつくった開成館の役人にとりたてられ、長崎出張所に勤務しました。時代は、江戸から明治へと移り変わる混乱のときでした。貿易の大切さを身をもって知るようになった弥太郎は、開成館大阪出張所（大阪商会）へ転勤後、経営をまかされるようになりました。

　やがて大阪商会は、九十九商会となり、1873年には弥太郎個人の経営する三菱商会として、海運界にのり出しました。そして翌年、三菱商会は、政府の台湾出兵に協力して、武器と兵士の輸送を一手に引きうけました。そして、大久保利通や大隈重信らに信頼され、政府の汽船13隻を無料で払い下げてもらいました。こうして発展の基礎がためをして、三菱商会は、1875年、郵便汽船三菱会社と改称しました。

　横浜・上海間航路で、アメリカの船会社と運賃引下げ競争に

勝って、その会社を買収したり、イギリスの汽船会社を日本の沿海から締め出して、日本の沿岸航路を独占していきました。
　さらに、1877年の西南戦争の時も、政府軍の輸送に協力した三菱会社は莫大な利益をあげ、日本の汽船の約8割を占めるほど巨大な会社になりました。そのご、保険業をはじめ、さまざまな産業に手を広げていったのです。
「だれの人生にも幸運はある。しかし、それをつかまえるためには、いつもこころざしを立てていなければだめだ」
　幸運を努力と執念でつかまえた弥太郎でしたが、晩年は心おだやかなものではありませんでした。1881年、三菱と関係の深かった大隈重信が政府を追われると、政府は三井などに三菱に対抗する共同運輸会社をおこさせて、猛烈な競争をさせたからです。しかし、弥太郎の死後弟の弥之助は一歩もしりぞかず、この競争にうちかち、兄の遺志をうけつぎました。

前島 密 (1835—1919)

　明治初期に、はじめて郵便制度がしかれるまで、手紙は飛脚屋が人をやとって配達していました。その飛脚から近代郵便制度へとみちびいたのが前島密です。

　1835年、密は越後(新潟県)に生まれました。生まれるとすぐに両親を亡くし、12歳のときに、医者になるため江戸に出ました。しかし、ペリーの浦賀来航の事件を知った18歳のころから、これからの日本に必要なものは何かを、真剣に考えるようになりました。そして、国の守りの状態を見てまわったり、機関学、航海術を学んだり、長崎に出てアメリカ人から英語を学んだりしました。

　幕府内の革新をすることによって、近代日本をつくることを思いたった密は、幕府に仕えました。31歳のときでした。やがて世の中は激しくゆれ動き、明治の時代になり、密は新政府にまねかれてはたらくことになりました。そして、東京遷都や鉄道に関する意見書を出すなどの活躍をして、数か月後には、駅逓の責任者になりました。そのころの駅逓というのは、交通や通信をあつかうところですが、まだその当時は、飛脚問屋を監督する仕事が中心でした。

　長崎で英語を学んでいたときに、外国の書物を読んだりアメリカ人教師から外国の郵便のしくみについて聞いていた密は、日本の郵便制度を確立するためには、外国に学ばねばならないと強く考えるようになりました。そこで政府に願い出て、1870年から1年間、アメリカからヨーロッパの国ぐにをまわり、郵便の研究と調査をつづけました。この間に、密の構想し

ていた政府の手による郵便制度(まず東京ー大阪間)が実施されました。これが1871年、近代郵便制度のはじまりです。

帰国後、駅逓頭という最高責任者となった密は、外国で学び考えてきたことを、次つぎと、情熱的に実行に移しました。まもなく東京の町に書状集箱という、いまのポストをおいたのを手はじめに、たくさんの町に郵便局をおき、たちまち郵便路線は全国に広がっていきました。手紙だけでなく、お金や新聞、本などを取りあつかう制度もはじめました。こうして郵便の制度を政府の事業にし、距離によってちがっていた料金は全国均一にして、郵便を国民にとって身近なものにしていったのです。

密は、郵便のほかにも、電話や鉄道の普きゅう、新聞の発刊や、日本初の盲人学校の設立、国語改良運動などをおこないました。また、大隈重信らと立憲改進党の創立に参加したり、東京専門学校(いまの早稲田大学)の校長もつとめました。

徳川慶喜 (1837—1913)

　15代将軍徳川慶喜は、江戸幕府さいごの将軍となった人です。長州藩の木戸孝允に「家康の再来を見る思い」といわせ、だからこそ幕府の体制がととのう前に早く倒さねばならないと考えさせたほど、頭のきれる人物でした。将軍慶喜の出現がもう少し早かったら、歴史は大きく変わっただろうといわれています。
　慶喜は、1837年水戸藩（茨城県）主徳川斉昭の7男に生まれました。幼い時からすぐれた才知のある人と評判高く、10歳のときに一橋家を継いだのも、将軍となるためには幕府と血のつながりが遠い水戸家より一橋家のほうがよいと、周囲が考えたからでした。慶喜はそのころから将軍候補だったのです。
　慶喜が20歳になったころ、慶喜は越前藩主松平慶永や薩摩藩主島津斉彬らに推せんされて14代将軍の候補に立てられていました。ところが、当時の大老井伊直弼らのグループに反対されて実現せず、慶喜は政界から追い出されてしまいました。
　1860年、井伊直弼が暗殺されると、やがて14代将軍家茂の後見職にかえりざいて、朝廷と幕府のつながりを強くすることに力をつくしました。そして、1866年、病死した家茂にかわって慶喜が15代将軍職につきました。
　慶喜はさっそく、徹底した幕府改革をおこない、幕府の力で諸藩をおさえこもうと必死の努力をしました。まず、老中会議の体制をあらため、海軍、陸軍、会計、国内事務、外国事務の総裁をおいて、内閣に近い政治体制をつくりました。兵制改革では、フランスから軍事教官をまねいて近代的な軍事訓練をさせました。また、これまでの例を破って、人材を登用し、経費の

節約、儀礼の簡略化につとめました。その他、税制の改定、留学生を海外へ送り、フランスから経済援助を受けてそのみかえりにフランス商社を設立、製鉄所建設までおしすすめたのです。

しかし、世の中の情勢は慶喜に味方してくれませんでした。開国をせまる諸外国との交渉、薩摩と長州を中心とする討幕派の強硬な動きに、慶喜は1867年土佐藩主山内豊信の進言により、政権を朝廷にかえしました。こうして江戸幕府はおわりましたが、慶喜は諸藩が連合する新政権をつくろうとしました。しかし「鳥羽伏見の戦い」にやぶれて江戸城にひきあげ、そして強硬な抗戦をさけ、上野の寺院に入って謹慎しました。こうして、薩摩藩の西郷隆盛と幕臣の勝海舟のはたらきで、江戸城は血を流すことなく開城されたのです。そのご慶喜は、水戸に移り、ついで静岡に移動して、76歳まで生きました。1902年には、維新に功績があったとして公爵の位がさずけられています。

「読書の手びき」

福沢諭吉

諭吉は「福翁自伝」の中で「門閥制度は父のかたきでござる」と述べています。とびぬけて学問のあった父親が、厳しい身分制度の重圧の中で、うだつのあがらぬ一生を終えた……。その無念さと憤りが冒頭のことばとなって出てきたのでしょう。このことばが、まさに諭吉の人生を決定づけています。封建社会の身分制度・陋習(ろうしゅう)から人間ひとりひとりが解放され、脱皮して自由になったとき初めて、人間は人間として立つことができると諭吉は考えました。その信念は、さまざまな形となって啓蒙運動へと発展していきます。慶応義塾の創立、多くの著作や翻訳の仕事、新聞の創刊、演説館の設立、数えていったらきりがないほど、諭吉は啓蒙・教育に力を注ぎ続けます。諭吉の残した数多い業績の中で、最大のものは、国民の目を覚まし、近代文明の光が差しこむ窓を開いてくれたことです。政府につかえず、在野の教師として終始してこそ、成し得た大事業でした。

坂本龍馬

薩長同盟の大役を果たした翌年、坂本龍馬は、後藤象二郎とともに長崎から京都へむかった船のなかで、船中八策とよばれるものをまとめています。朝廷への政権返上、公議政体、人材の登用、国際法の確立、憲法の制定など8項目をかかげ、民主的な近代国家の建設をよびかけたものです。この八策が、大政奉還建白書の中心となり、さらに、1868年に明治天皇が「広ク会議ヲ興シ、万機公論ニ決スベシ」と記して発した五か条の御誓文の基礎にもなりました。このひとことからだけでも、龍馬が、いかに、日本のあるべき将来を正しく見通していたかがわかります。しかし、自分自身は、新しい時代の恩恵になにひとつ浴することなく、まさに、歴史のいしずえとなって死んでいきました。いしずえになったといえば、